福島
「オルタナ伝承館」ガイド

除本理史・河北新報社 編

東信堂

はしがき

本書は、福島県における民間の震災伝承施設・団体を紹介するガイドブックです。「民間の」というところがポイントです。

東日本大震災・福島原発事故からすでに13年以上が経過しており、人々の関心はしだいに薄れ、記憶の風化が懸念されています。そうした中で、震災の経験や記憶を継承し、将来に伝えていく取り組みはきわめて重要な意味をもちます。

震災伝承施設としては、福島県双葉町にある東日本大震災・原子力災害伝承館のような、公的施設が大きな存在感を発揮しています。しかし福島原発事故では、被害者による集団訴訟で国が被告として訴えられたりしていて、行政は「中立的な第三者」とはいえません。公害に関する資料館の先例からも知られるように、公的施設の展示内容がそうした立場性に影響されるのは避けられないでしょう。

もちろん公的施設には独自の役割があります。しかし、それとは別の角度からの批判や異論があってこそ、幅広い視点で教訓を検証するとともに、対話を通じて継承を進めることができます。

筆者は、民間の施設・団体がもつこうした意義・役割に注目して研究を行ってきました。宮城県に本社を置く河北新報社の福島総局も同様の関心をもち、2024年1月、原子力災害に関する民間伝承施設を「オルタナ伝承館」と名づけて、施設を紹介する連載を組んでいます。本書は、この連載をベースに、関連する寄稿や、「語り部」活動を行う団体の紹介などを加えガイドブックにまとめたものです（本書に記載された情報は基本的に取材・調査時点のもの）。

多くの方々が、本書を手に「語り部」のみなさんからお話を聞き、「オルタナ伝承館」を訪れていただくことを願っています。

2024年6月

除本理史

目次／福島「オルタナ伝承館」ガイド

II 「語り部」さんたちにも注目！ 41

表紙写真：「おれたちの伝承館」内部の様子
表：中筋純撮影
裏：（左）除本理史撮影、（右）東野滋撮影

福島「オルタナ伝承館」ガイド

I　ようこそ「オルタナ伝承館」へ！

1 「オルタナ伝承館」ってなに？

(1) 福島県の震災伝承施設と「オルタナ伝承館」の意義

メッセージ性の強い展示で、東京電力福島第一原発事故を問い直す民間伝承施設が福島県浜通りに点在する。官製の伝承館と対をなす在野の拠点であり、それを本書では「オルタナティブ」(もう一つの) 伝承館――略して「オルタナ伝承館」と呼んでいる(『河北新報』2024年1月19日付朝刊)。

その位置づけを確認するために、福島県内の伝承施設にどのようなものがあるか、概観したい。**表1**は、震災伝承ネットワーク協議会への登録施設(第3分類)に加え、震災伝承施設と見なしうるものを掲げている。

これらの設立や管理運営の主体は、半官半民のような場合もあり明確ではないが、県や市・町がつくった公的施設と考えられるのは10施設(③④⑤⑥⑦⑧⑨⑫⑬⑭)であり、全体の半数を占める。それ以外に「民間」といっても、東京電力の廃炉資料館(⑯)や、県知事が社長、東京電力役員が副社長を務めるJヴィレッジ(⑪)などもある。

したがって、現在開館している「オルタナ伝承館」は、おおむね本書で紹介する施設(**図1**)に尽きているといってよい。それだけに、その存在は貴重である。

公的施設の代表格は、東日本大震災・原子力災害伝承館(⑨)であるが、同館は2020年9月の開館直後から様々な批判を受けてきた。開館前後における情報の「公開性」に関わる問題が指摘され、展示の内容についても「官製伝承」といわれたように、総じて国や県にとって都合の悪いことには触れず、「復興」を過度に強調しているのではないか、といった指摘が相次いだのである。

ここで注意を促したいのだが、公的施設はダメだといいたいのではない。公的施設には独自の役割があるし、スタッフの中に「オルタナ」の精神をもつ人もいるかもしれない。また、東日本大震災・原子力災害伝承館の場合は、批判を受けて展示の改善などを進めている。それ自体はよいことである。

だが福島原発事故においては、被害者が起こした集団訴訟で国は被告として訴えられており、あるいは福島県外でも、小学生が津波の犠牲になったケースで自治体の責任が問われたりしていて、行政は「中立的な第三者」とはいえない。そうした立場性に由来する視角の限定が生じるのは避けられないだろう。

本書で原子力災害考証館 furusato の里見喜生さんも述べているように、民間の施設には公的施設を補う役割がある（もちろん公が「主」で民が「従」というわけではない）。公的施設とは別の角度からの批判や異論があってこそ、幅広い視点で教訓を検証するとともに、対話を通じて将来に向けた継承を進めることが可能になる。そこに「オルタナ伝承館」の意義を見出したい（より詳しくは、清水万由子・林美帆・除本理史編『公害の経験を未来につなぐ――教育・フォーラム・アーカイブズを通した公害資料館の挑戦』ナカニシヤ出版、2023年、第5章）。

とはいえ公的施設に比べ、「オルタナ伝承館」には人的あるいは資金的な制約が大きいため、継続的運営が困難になることも考えられる（本書で紹介した「オルタナ伝承館」はすべて入館無料である）。行政は自ら施設をつくるだけでなく、民間の施設・団体への政策的支援に本腰を入れて取り組むべきだろう。さらに、本書を通じて「オルタナ伝承館」の意義を理解された読者諸賢におかれては、可能な範囲での支援もご検討いただければ幸いである。

表1　福島県内の伝承施設

名称（所在地）	施設概要
①アクアマリンふくしま（いわき市）	館の被災状況や再オープンまでの道のりをシアター等において説明（団体対象・事前予約制）。地震による地盤沈下で擁壁の高さが変化した様子など、施設復旧後もなお残る震災の爪痕を見ることができる。
②いわき市ライブいわきミュウじあむ「3.11 いわきの東日本大震災展」（いわき市）	いわき市内の震災当時の状況や復旧・復興に向けての歩みを展示パネル、映像で紹介。
③いわき市地域防災交流センター久之浜・大久ふれあい館（いわき市）	館内の防災まちづくり資料室で、震災発生時の状況や体験を映像やパネルで紹介。
④相馬市伝承鎮魂祈念館（相馬市）	震災によって失われた相馬市の「原風景」を後世に残し、遺族の心の拠点としていくとともに、震災で得た経験や教訓を風化させず子どもたちへ伝承する。
⑤福島県環境創造センター交流棟「コミュタン福島」（三春町）	放射線や環境問題を身近な視点から理解し、環境の回復と創造への意識を深めてもらうための施設。
⑥城山公園（白河市）	史跡小峰城跡は震災により 10 か所の石垣が崩壊するなどの被害を受けた。震災発生から石垣再生までの経過を、公園内やガイダンス施設「小峰城歴史館」で伝えている。また、ガイドによる震災復興の解説・案内を行っている。
⑦みんなの交流館　ならはCANvas（楢葉町）	施設の一部に、被災家屋の木材や解体された小学校の椅子等が再利用され、震災を伝える工夫がなされている。パネル展示等で、震災がもたらした現実と復興の歩みを伝えている。
⑧いわき震災伝承みらい館（いわき市）	地震、津波に加え、原発事故が重なる複合災害に見舞われたいわき市の震災経験を捉えなおし、震災の記憶や教訓を風化させず後世へと伝えていくことを目的とした施設。
⑨東日本大震災・原子力災害伝承館（双葉町）	震災関連資料「収集・保存」、複合災害に関する「調査・研究」、それらを活かした「展示」、複合災害の経験・教訓を伝える「研修」の 4 事業とともに、福島イノベーション・コースト構想における情報発信拠点として地域交流の促進に取り組む。
⑩ふたばいんふぉ（富岡町）	復興途上にある福島県双葉 8 町村の現状を共有し、広く伝えるため、民間団体である双葉郡未来会議が運営者となって開設。同団体の活動や繋がりをもとに、単なるアーカイブ施設ではなく、住民目線での捉え方、伝え方を住民自らが発信する。
⑪ National Training Center J ヴィレッジ（楢葉町）	センターハウス 1 階「J-VILLAGE STREET」では、オープンから震災発生時の状況、原発事故収束拠点になった期間のこと、全面再開までの歩みなどを展示。4 階展望ホールでは、映像中心のコンテンツを提供。

⑫震災遺構浪江町立請戸小学校（浪江町）	被災した学校のありのままの姿を見ることで、災害の恐ろしさや備えとしてどのようなことが必要かなどを考えてもらう。また、被災者の体験談の映像により、災害を自分ごととして捉えるよう促すとともに、その経験を後世にも伝えていく。
⑬とみおかアーカイブ・ミュージアム（富岡町）	震災の初期対応、原子力災害と全町避難、地域の自然や民俗などを展示や映像で紹介。震災を町の歴史の一部として位置づけ、地域や町民の暮らしがどう変わったかを伝える。
⑭福島県立博物館（会津若松市）	震災に関する物品（モノ）、それがどんな環境に置かれていたか（場所）、そこに至る経緯や背景（物語）が一体になった資料としての震災遺産を保全している。毎年3月11日前後の時期に、関連する展示も行われている。
⑮原発災害情報センター（白河市）	福島原発事故に関連する資料の調査・収集・保管、展示・発信、人々の交流の場の提供という3つの事業。
⑯東京電力廃炉資料館（富岡町）	事故の記憶と記録を残し、反省と教訓を社内外に伝承。長期に及ぶ廃炉事業の全容と進捗を可視化し発信。
⑰伝言館（楢葉町）	宝鏡寺境内に早川篤雄住職が私費を投じて建設。在野の目線で事故の被害や教訓を伝える。原発推進を謳う旧科学技術庁のポスターや除染の写真、汚染水や震災関連死についての説明パネルなど約100点を展示。館脇には約30年間、東京の上野東照宮境内で灯されてきた「非核の火」も移設。
⑱原子力災害考証館 furusato（いわき市）	いわき湯本の旅館「古滝屋」当主が宴会場を改装して開設。民間の公害資料館「水俣病歴史考証館」などを参照している。被害の克服に向けた草の根の取り組みを展示。
⑲子どもと原子力災害　保養資料室《ほよよん》（いわき市）	被災地から県内外に出かけて心身をいやす取り組みである保養の受け入れをしてきた人たちが、活動を記録し、記憶と経験を継承していくことを目的に開設した。⑱と同じフロアにある。
⑳人の駅　桜風舎（郡山市）	NPO法人「富岡町3・11を語る会」が運営。「語り人」の活動や、富岡町民と避難先住民の交流など。
㉑おれたちの伝承館（南相馬市）	福島原発事故がもたらした問いを、アートをはじめ様々な表現手段で伝承し、事故に心を痛める全国の人々、被災地で生きる人々などが協働することで、そこから生まれる共感を次の世代に橋渡しすることをめざす。

注）⑩は2024年3月末で閉館。

出所）清水万由子・林美帆・除本理史編『公害の経験を未来につなぐ――教育・フォーラム・アーカイブズを通した公害資料館の挑戦』ナカニシヤ出版、2023年、77-78頁、表5-1に加筆。

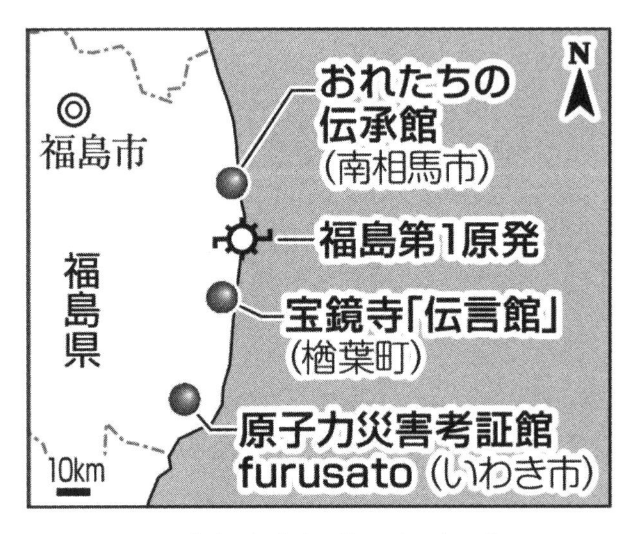

図1　本書で紹介する「オルタナ伝承館」

出所)『河北新報』2024年1月23日付朝刊。

（執筆：除本理史）

(2) 多様な視点、担保重要（インタビュー）

「オルタナ伝承館」の意義や課題は何か。除本理史・大阪公立大大学院教授に聞いた（『河北新報』2024年1月23日付朝刊より転載）（**図2**）。

民間の役割は大

――官製の伝承施設と「オルタナ」の関係は。

「原発事故には公害の側面があるが、行政の公害資料館は強調したいストーリーを前面に出したり、逆にメッセージ性が全くなかったりする。一方で被害者の声や思いは残りにくい。官製の伝承だけが肥大化するのは望ましくなく、民間伝承施設の役割は大きい」

「マルチパースペクティブ（多視点性）の担保が重要だ。熊本県水俣市には国、市、民間の水俣病の資料館がある。それぞれの視点や立場からの展示を通じて多角的、立体的に水俣病の全体像が見え、理解が深まる。『困難な過去』を巡る多様な解釈が併存し、フォーラムのような状況が生まれることに意味がある」

――客員研究員を務める福島県立の東日本大震災・原子力災害伝承館（双葉町）は開館時、被害実態の紹介や事故の反省が少ないと指摘された。

「県の事故対応の失敗についての記述を増やすなど改善した部分もある。ただ変更の背景にある考え方がはっきりしない。批判に対して、きちんと回答できなかったのが大きな問題。初めから確たる展示のコンセプトがなかったことの表れではないか」

「館内で活動する語り部に国や県、東電など特定団体への批判を禁じていた問題もあった。伝え方にも『立場性』が潜むことに多くの人が気付くきっかけとなった」

存続の仕組みを

――連載で取り上げた施設は、いずれも原発事故から10年が経過して開館した。

「単なる偶然ではないだろう。県立の伝承館への疑問に加え、原発事故を体験していない世代が増え、解釈とともに継承する局面に入ってきたこともある。時間がたつほど共通体験を基にした伝承は成立しなくなる。どういう形でストーリーを構築し伝えるか、どれだけ多様な切り口で学べるかが大事になる」

「民間伝承施設は人的、資金的な持続性が課題だ。市民のネットワークによる維持が欠かせない」

――どう持続させるべきか。

「水俣の民間伝承を担う法人の場合は『つぶしてはまずい』と全国から支援が集まる。それだけのネームバリューがある。福島でも今後、存続のための仕組みづくりを考えなければいけない。クラウドファンディングや行政の補助金を使うのも手だ」

（取材・構成：東野滋）

オルタナ伝承館　原発事故13年

④完　インタビュー　除本理史教授

多様な視点　担保重要

東京電力福島第1原発事故を独自の視点で伝える福島県浜通りの民間施設は、官製にない個性を打ち出し、存在感を示す。「オルタナティブ（もう一つの）」とも形容される伝承拠点の意義や課題は何か。原発事故に関する官民の伝承施設を調査した除本理史大阪公立大大学院教授(52)に聞いた。（福島総局・東野滋）

民間の役割は大

―官製の伝承施設と「オルタナ」の関係は。

「原発事故には公害の側面があるが、行政の公害資料館は強調したいストーリーを前面に出したり、逆にメッセージ性が全くなかったりする。一方で被害者の声や思いは残りにくい。官製の伝承だけが肥大化するのは望ましくなく、民間伝承施設の役割は大きい」

「マルチパースペクティブ（多視点性）の担保が重要だ。熊本県水俣市には国、市、民間の水俣病の資料館がある。それぞれの視点や立場からの展示を通じて多角的、立体的に水俣病の全体像が見え、理解が深まる。『困難な過去』を巡る多様な解釈が併存し、フォーラムのような状況が生まれることに意味がある」

―客員研究員を務める福島県立の東日本大震災・原子力災害伝承館（双葉町）は開館時、被害実態の紹介や事故の反省が少ないと指摘された。

「県の事故対応の失敗についての記述を増やすなど改善した部分もある。ただ変更の背景にある考え方がはっきりしない。批判に対して、きちんと回答できなかったのが大きな問題。初めから確たる展示のコンセプトがなかったことの表れではないか」

「館内で活動する語り部に国や県、東電など特定団体への批判を禁じていた問題もあった。伝え方にも『立場性』が潜むことに多くの人が気付くきっかけとなった」

存続の仕組みを

―連載で取り上げた施設は、いずれも原発事故から10年が経過して開館した。

「単なる偶然ではないだろう。県立の伝承館への疑問に加え、原発事故を体験していない世代が増え、解釈とともに継承する局面に

連載で紹介したオルタナ伝承館

福島市
福島県
おれたちの伝承館（南相馬市）
福島第1原発
宝鏡寺「伝言館」（楢葉町）
原子力災害考証館 furusato（いわき市）
10km

よけもと・まさふみ　1971年横浜市生まれ。一橋大大学院経済学研究科博士課程修了。東京経済大教授などを経て2013年4月から現職。公害資料館ネットワーク副代表幹事。専門は環境政策論。著書に「公害から福島を考える」「原発賠償を問う」など。

図2　『河北新報』2024年1月23日付朝刊紙面より

2　Focus ①　南相馬市小高区：おれたちの伝承館

(1) アートで忘却に異議

（以下、『河北新報』2024年1月21日付朝刊より転載。年次表記など一部変更）

絵画など80点

倉庫を改装した館内に、東京電力福島第一原発事故を題材としたアート作品約80点が所狭しと並ぶ。全国のアーティストが原発事故と向き合い、紡ぎ出した絵画や彫刻などだ。

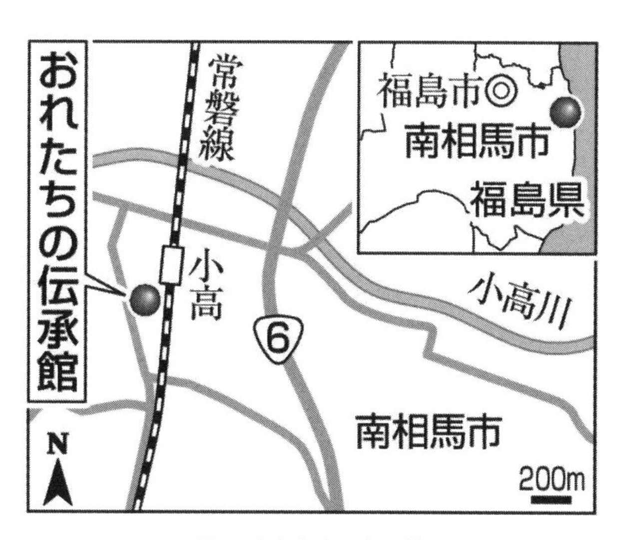

図3　おれたちの伝承館

南相馬市小高区にある「おれたちの伝承館」(**図3**)。地元では「おれ伝(でん)」と呼ばれ、親しまれる。オープンした7月12日は、地域にとって特別な日だった。

近くで旅館を営む小林友子さん(71)は、開設を強く後押しした一人。2023年2月、関係者との打ち合わせの中で「7月12日に開けてほしい」と訴えた。

原発事故に伴う小高区の避難指示が、2016年のその日に解除された。もう7年半がたつが、若い世代は戻らない。人口は事故前の約1万3000人から約4000人に減った。

小林さんは「3世代同居の生活は壊れ、孫とじいちゃんが一緒に田植えする姿はもうない。家族も、コミュニティーも、ばらばらになった」と唇をかむ。

写真1　作品を前に開館の意義を語り合う中筋さん(左)と小林さん(2023年12月、南相馬市小高区)

危機感に直面

慣れ親しんだ建物は解体され、街並みは変わった。事故直後の混乱、ストレス続きの避難生活、故郷の喪失感。語り継ぐべき経験は多いのに、市に伝承施設はない。小高区の全住民が避難した事実すら忘れられそうな危機感に直面した。

「人生を変えられた人の無念さを伝える場所が必要。津波被害にも遭った地域の苦難を記録し、残さなければ全て消されてしまう」

行政にかけ合ったものの、2019年1月に完成した小高交流センターに事故に関連する展示はなかった。落胆し、住民へのインタビューを映像などにまとめる活動に仲間と取り組む中で「おれ伝」の構想を知った。

200人、突貫工事

発案したのは原発被災地を撮り続けていた東京都の写真家中筋（なかすじ）純さん(57)。「アートによる伝承」を掲げ、原発事故の忘却に異議を唱える。共鳴し、物件探しの段階から協力するようになった。

2023年2月に開館準備作業が始まると、近所の平屋を購入し、宿泊用に貸し出した。食事を差し入れ、旅館の風呂も提供した。延べ約200人の協力者と突貫工事に当たった中筋さんは「ものすごいバックアップだった」と感謝する。

高校生や大学生を含め、県内外からの来館者は半年で1500人を超えた。事故を見つめ直し、被災者の思いに触れる場所ができたことを喜びつつ、小林さんは次の目標に向かって動き出している。

小高区に特化した「伝承拠点」を地元関係者でつくる計画。「今度は自分たちの手で、小高の歴史や被災経験を発信していく」と誓う。

メモ　冬季は不定期で開館し、スケジュールや開館時間はウェブサイトで告知している。入館無料。館名の「おれ」は主に地域の高齢者が男女を問わず使う一人称。所在地は南相馬市小高区南町2の23。メールアドレスは　2021moyai@gmail.com

（取材・構成：東野滋）

(2) 伝えたいのは「過去を見つめること」

（以下、河北新報オンライン 2023 年 10 月 16 日付記事より転載。年次表記など一部変更）

東京電力福島第一原発事故を題材にしたアート作品を集めた美術館「おれたちの伝承館」が、福島県南相馬市小高区にある。東京都の写真家中筋純さん（57）が 2023 年 7 月に開設し、事故と向き合い続けてきたアーティストたちの作品を紹介。「アートによる伝承」が静かに評判を呼んでいる。

「未来志向」の県立施設に違和感

入り口に飾られたのは、放射能汚染で近寄れない桜並木の写真。避難できず牛舎に残され、柱をかじりながら餓死した子牛を模した立体作品が異彩を放つ。見上げると、黄色と群青の大画面に動物や魚が踊る天井画に吸い込ま

写真 2　住宅街の一角にある「おれたちの伝承館」

写真3 「おれたちの伝承館」を運営する中筋さん

れそうだ。

美術館は倉庫だった建物を除染、改装して2023年7月12日にオープンした。小高区の避難指示が2016年に解除された日に当たる。

中筋さんが本格的に福島に通い始めたのは2013年。許可を得て無人の被災地に入り、時が止まったままの風景を撮った。同時に取り組んだのがアートによる伝承だった。現実を直視するつらさが写真より薄れ、作家の思いやメッセージへの想像力が働く。

2017年から作品展「もやい展」を東京などで開きながら、常設の展示施設を構想してきた。美術館では、当時から関わるアーティストを中心に21人

写真４　入り口には福島県富岡町のシンボル、桜並木の写真が飾られている。立ち入り禁止を示すバリケードの先で咲き誇る

写真５　原発事故直後に牛舎に残され、餓死した子牛をモチーフにした和紙の造形作品。柱をかじった跡も再現した

の作品約 80 点を展示する。

館の名称に入れた「おれ」は、地域の高齢者が男女問わず使う一人称。県立の東日本大震災・原子力災害伝承館（双葉町）を意識した。「復興後の新しい街、新産業が強調され、未来志向の展示だった。原発事故は過去の出来事とでも言うように」。中筋さんは違和感を語り、こう続ける。

「『おれたち』は We、つまり民（たみ）の目線。『伝承館』とは補い合う存在として、アートで心を揺さぶり、原発事故と福島のことを深く考える場所にしたい」

現在の活動のきっかけとなったのは、2007 年に訪れた旧ソ連のチェルノブイリ原発周辺の撮影だった。ゴーストタウンと化した街に衝撃を受けた。

写真 6　木彫「鳳凰（ほうおう）」（手前）の上に広がる天井画「命煌（きら）めき」

写真7　野外に展示された2つの作品。朝焼けの海（左奥）の横で矢印が指す先に、東京電力福島第一原発がある

「人の営みが一瞬にして断ち切られる。見えない放射能に強制終了される」。原発事故の恐ろしさを知ってほしいと写真集を出し、写真展も開いた。

反面、自身もどこかで「安全神話」にとらわれていた。「ソ連の原発だから事故が起きた。日本の科学技術なら大丈夫」と。12年7カ月前のあの日、幻想はあっけなく打ち砕かれた。

中筋さんは2023年9月下旬、来館した福島大生約30人の前に立った。壁には「未来」の2文字。かつて双葉町にあった原子力PR看板の標語「原子力明るい未来のエネルギー」の一部をレプリカにした作品だ。

ナチスの人道犯罪を直視し、歴史的責任を受け止めるよう国民に訴えたワイツゼッカー元ドイツ大統領の演説を引き、大学生に語りかけた。「『過去に目を閉ざす者は現在にも盲目になる』。もちろん未来にもだ。過去を見つめ、検証すること抜きに本当の明るい未来は描けない」

「原発事故が問いかけているものを考えて」――中筋純さんインタビュー

東京電力福島第一原発事故と向き合う美術館「おれたちの伝承館」(南相馬市小高区) を運営する東京都の写真家中筋純さん (57) は、チェルノブイリと福島という2つの被災地を撮り続けてきた。開設に至る経緯、アートによる伝承の狙いについて聞いた。

――2007年秋、チェルノブイリ原発から4キロほど離れた都市プリピャチを初めて訪れた。

「雑誌の仕事をきっかけに軍艦島など産業遺構を撮るようになり、その延

写真8 原子力PR看板の標語の一部を模した作品。看板の撤去時「『本当の未来を考えようぜ』という強烈なメッセージを感じた」と中筋さん

長で向かった。原発作業員ら5万人が避難し、廃虚となった街はレーニンの肖像画が残り、ソ連がフリーズしたまま。衝撃的だった。放射能という見えないものに恐れおののき、強制終了された」

「地球が誕生して46億年。気が遠くなる時間をかけて地上の放射線が減衰し、生物が住める環境ができたのを、欲望のために地下からウランを掘り出した人類が原発事故で振り出しに戻してしまった。文明とは何かを考えざるを得なかった。原発とは人類の無限の欲望の権化であり、無限そのものへの欲望の権化だ」

――「おれたちの伝承館」にも、チェルノブイリ周辺の立ち入り禁止区域で撮影した農家の女性の写真を展示した。

「原発作業員ら都市住民は避難する一方、森の恵みや泉の水と共に暮らしていた人たちは故郷が恋しくて戻ってしまう。自然の循環の中で生きていくたくましい人間の強さと、崩れ落ちた原子炉の対比。どちらの生き方を選ぶべきなのか、問われたように思った」

――福島県では2013年に浪江町に入り、本格的に撮影を始めた。

「東京五輪の開催が決まり、お祭り騒ぎの中で『原発事故を記録しなければ忘れ去られ、なかったことにされる』と直感した」

「立ち入りを許可された際、町の担当者から『町のことをきっちり記録してくれ』という当時の馬場有町長（故人）の言葉を伝えられた。町長は復興とともに町が消されてしまうと直感したのではないか。現に今、事故前にあった建物は次々と解体されている」

「ささやかな暮らしの記憶が生きていく上で貴重品だということを、原発事故は如実に教えてくれた。福島に来て地域の人と酒を飲んでいると、みんなが昔の街並みの思い出話をする。『飲んだ後は必ず○○のラーメンだよな』みたいに、小さな飲み屋街の光景でもいとおしくてたまらないことが伝わってくる」

――原発事故がテーマの作品展「もやい展」を2017年から開催してきた。なぜアートによる伝承なのか。

「写真はリアリティーを強烈に伝えるが、見たくない人はすぐに目をそらしてしまう。アートなら入ってきやすい。人のフック（引っかかり）はそれぞれ。多様な表現を通し、福島からのメッセージを各人がキャッチしてくれるといい」

「水俣病で分断された地域のつながりを結び直す運動『もやい直し』から言葉をもらった。福島でも、賠償金の問題などで変えられた人々の関係をもう一度再生したい。アーティスト一人一人の孤軍奮闘ではなく、表現を束ねて大きな力にしていこうと考えた」

「当事者以外が伝える努力、リレーが重要だ。水俣病の場合は石牟礼道子さんがいた。彼女のルポや小説、詩など重層的な表現活動が水俣の伝承の背骨となっているのがヒントになる」

――福島第一原発で処理水の海洋放出が始まった。

「中国や香港の輸入停止により、日本の水産物輸出の被害が1600億円になるからといって『国民1人当たり1600円分を食べれば解決』みたいな論調がある。少し違うのではないか。お金の問題、そろばんだけの問題にすり替えていいのだろうか。森羅万象にリスクをもたらす原子力について、もう一度考えなさいと問いかけたのが原発事故だったはずだ」

「脱原発を求める声は多かったのに、燃料費高騰を受けて世論はあっという間に原発再稼働を容認するようになった。原発の問題を毎日意識し続けるのはしんどいが、暮らしの片隅に引っかかりを残しておくことで、政府や電力会社のロジックに簡単には流されなくなるのではないか」

――開館から3カ月。来館者は約1000人に上る。

「原発に賛成か反対かを迫るのではなく、アートを取っかかりとして原発事故が何を問いかけているのかを深く考えようと訴えたい。美術界で無名の作家の作品もある。原発事故後に突き動かされるように表現を始めた人たち

写真9　吹き抜けの構造を生かし、作品が配置されている。左の女性の写真は、中筋さんがチェルノブイリ原発事故の被災地で撮影した

だ。民(たみ)の伝承館として、そんな作品も拾っていく。イベントを開いて地元の人が気軽に立ち寄れる場所にもしたい」

「福島県双葉町にあった『原子力明るい未来のエネルギー』と書かれた看板が撤去されるのを撮影していた際、『未来』の部分だけがなかなか外れなかったのが印象的だった。福島では官民のプロジェクト名に『未来』が付くが、本当の明るい未来を考えるためには、過去を見つめることが欠かせない。来館した若い世代が原発事故を知り、考えることで次の扉を開けていってほしい」

(なかすじ・じゅん) 1966年和歌山市生まれ。東京外国語大学卒。出版社勤務を経てフリーの写真家となる。写真集『流転　チェルノブイリ 2007-2014』(二見書房、2014年)、著書『コンセントの向こう側』(小学館、2021年) など。

(取材・構成：東野滋)

3　Focus ②　楢葉町：伝言館

(1) 悔恨と闘争、語り継ぐ

（以下、『河北新報』2024 年 1 月 19 日付朝刊より転載。年次表記など一部変更）

警告が現実に

「対米従属」「導入に暗躍」「損害予測隠蔽人」「用地で巨利」。原発立地に動いた国会議員や知事、財界人、米大統領らを批判的に解説するパネルが並ぶ。

東京電力福島第二原発が立地する福島県楢葉町。宝鏡寺境内の「伝言館」(**図4**) で、事務局長の丹治杉江さん (67) ＝いわき市＝が原発建設を訴える 1970 年代の張り紙を手に語りかけた。

「これが玄関に張ってある家と張っていない家で、賛成反対を分ける。反対するだけで村八分の状況で『原発はおっかねえから嫌だ』という人もしょうがねえから張っておくべとなっていった」

伝言館は、福島第一原発事故から 10 年の 2021 年 3 月に開館した。反原発運動を半世紀続け、2022 年末に 83 歳で死去した住職の早川篤雄さんが、発し続けてきた警告が現実となったことを悔やみ「二度とあってはならない」と賠償金を投じて設けた。

早川さんが集めた資料などを基に、福島に原発が立地した経緯や原発事故までの動きを掘り下げる。事故原因を日本の侵略戦争までさかのぼり「戦争がなければ核兵器が造られず、核兵器が造られなければ原発も造られなかった」と訴える。

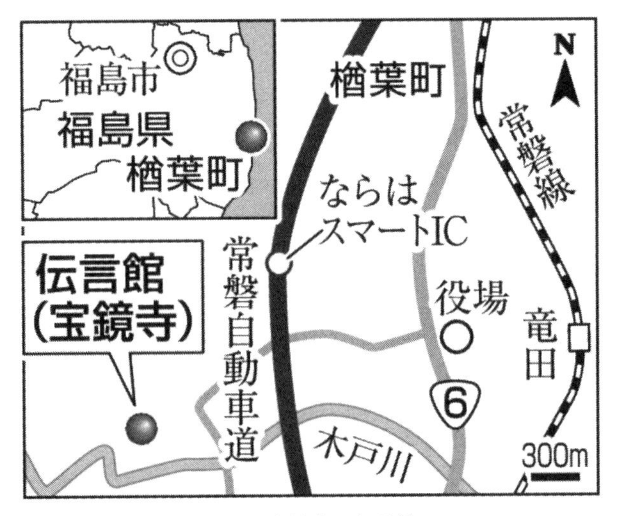

図4　宝鏡寺・伝言館

本質突き詰め

「事故が起きたから原発をなくそうではなく、突き詰めて考えないと原発の本質に行き着かない」と強調する丹治さん。伝言館に携わるため2023年6月、原発事故後に避難した前橋市から夫といわき市に戻った。

群馬では、避難者訴訟の原告の先頭に立って国や東電と闘った。2022年6月の最高裁判決は国の賠償責任を認めなかった。悔しさが募る中、父のように慕う早川さんに請われた。「帰ってきて一緒にやってほしい」

悩んだ末に、ようやく得た安寧の暮らしを手放し、福島を最後の闘いの地にすると決めた。

伝える難しさ

復興途上の被災地で、丹治さんは原発問題を伝える難しさに直面する。廃炉や処理水の海洋放出、子どもの健康への懸念を指摘するほどに「風評加害者」と言われ、苦悩する。

それでも、伝言館でしか発信できないことがあるとの信念は揺るがない。

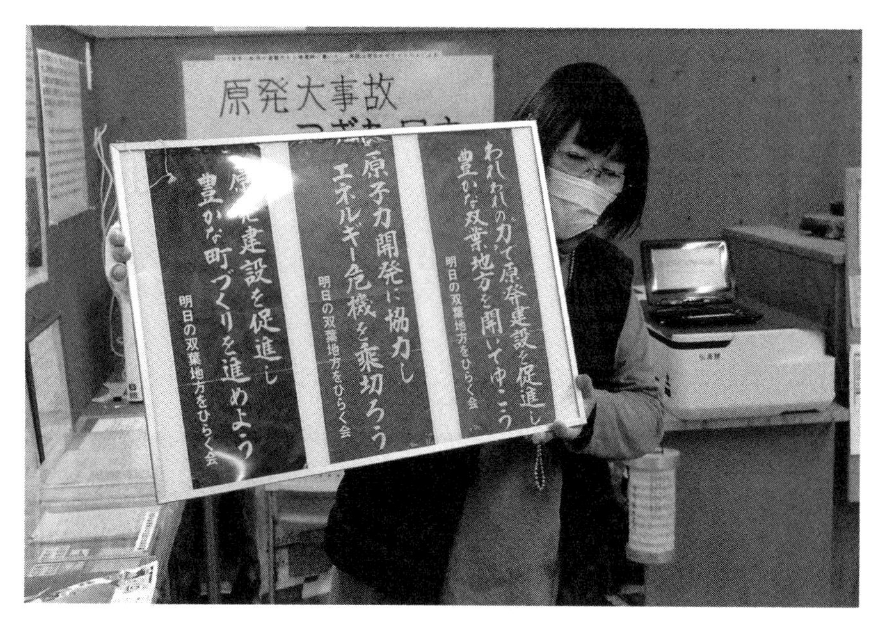

写真 10 早川さんが集めた張り紙を説明する丹治さん

今、力を入れるテーマは「安全神話」が人々にどのように刷り込まれてきたのかだ。

「被害者が語っていかなければならない。これまでの蓄積を皆に伝えなさいと、早川さんが舞台をつくってくれた。残した資料と思いを引き継ぎ、命ある限りここを守っていく」

「頼むな」。電話口で最後に聞いたかすれた涙声を、いつまでも心に刻む。

メモ 常時開館。無料。原発事故のほか、広島と長崎に投下された原爆、米国が水爆実験をした太平洋ビキニ環礁の被害を伝える。境内には「原発悔恨・伝言の碑」がある。福島県楢葉町大谷西代 58 の 4。

（取材・構成：坂井直人）

(2) 反原発・反核平和の運動を展示

伝言館を開設した宝鏡寺の早川篤雄住職は2022年12月に亡くなった。筆者らは生前、複数回のインタビューを行ってきた。以下はそれに基づく伝言館の紹介である（清水万由子・林美帆・除本理史編『公害の経験を未来につなぐ――教育・フォーラム・アーカイブズを通した公害資料館の挑戦』ナカニシヤ出版、2023年、第5章）。

伝言館は宝鏡寺境内にある。館長（当時）の早川篤雄住職が、賠償金などの私費を投じて建設したものである。館の脇には、「原発悔恨・伝言の碑」が建てられ、あわせて上野東照宮境内で約30年間ともされてきた「非核の火」も移設されている。2021年3月11日の開設に際しては、130人が参加して式典が開かれた。

伝言館は木造で2つのフロアがある。1階の第1展示室は「原発関係」で構成されており、旧科学技術庁の原発推進ポスター現物、原発事故や汚染水問題に関する写真、説明パネルなどが設置されている。早川氏が長年、原発反対運動に取り組んできたため、関連資料の一部も展示されている。地下の第2展示室は「核兵器関係」で構成されており、広島・長崎の原爆被害や、アメリカの水爆実験で被ばくした第五福竜丸に関する展示が配置されている。

他の施設にない「オルタナ伝承館」としての伝言館の特徴として、次の2点が挙げられる。第1は、早川氏らが行ってきた約40年に及ぶ原発反対運動を顕彰する場だということである。この運動は、1975年に福島第二原発設置許可処分取消訴訟を提起するに至ったが、1992年に最高裁で敗訴している。早川氏は原告団事務局長を務め、敗訴確定後も運動を継続してきた。その主張が間違いでなかったことは、福島原発事故で図らずも明らかになったのである。

第2は、早川氏らの運動によって培われてきた人的ネットワークに依拠して、展示がつくられていることである。早川氏の活動を支援してきた研究者に、安斎育郎・立命館大学名誉教授がいる。安斎氏は伝言館の副館長（当時、早川氏の死去後に館長）にも就いており、1階の展示を監修している。また氏

写真 11　伝言館（2022 年 6 月 30 日、除本理史撮影）

写真 12　伝言館の隣に移設された「非核の火」（2023 年 6 月 13 日、除本理史撮影）

自身に関する展示もある。地下の原爆被害や第五福竜丸の展示は、安斎氏らのつながってきたそれぞれの関係者から提供されたものである。

このように伝言館は、早川氏らが研究者から支援を受けつつ、学習しながら原発批判の活動を継続してきた歴史を伝えるとともに、反核平和の課題にまで広がる運動のネットワークを展示で表現している。これは公的施設のみならず、他の民間施設とも一線を画した特徴であろう。

（執筆：除本理史・林美帆）

4　Focus ③　いわき市湯本：原子力災害考証館 furusato

(1) 声なき声、すくい取る

（以下、『河北新報』2024 年 1 月 22 日付朝刊より転載。年次表記など一部変更）

遺品に触れて

折り重なった流木と共に水色のランドセルや色あせたピンクのマフラーが置かれ、手で触ることができる。東京電力福島第一原発が立地する福島県大

図 5　古滝屋・原子力災害考証館 furusato

熊町の沿岸部で東日本大震災の津波にのまれた木村汐凪ちゃん＝当時(7)＝の遺品だ。

汐凪ちゃんの救助と捜索は原発事故の影響で阻まれた。骨の一部が見つかったのは事故から5年9カ月後。資料には「津波で亡くなったのか、取り残されたから亡くなったのだろうか」とつづられている。

いわき湯本温泉（いわき市）の老舗旅館「古滝屋」9階にある「原子力災害考証館 furusato」（**図5**）。20畳の和室を改装し、2021年3月12日に開館した。メインの展示は、汐凪ちゃんら家族3人を亡くした木村紀夫さん(58)が自ら手がけた。

公の施設補う

「公的施設のきれいなガラスケースで見てもらうより、汐凪に近づいて自分事にしてほしい」。木村さんが遺品を民間の伝承施設に託した思いだ。

写真13　木村さんが手がけた展示を説明する里見さん（左）

考証館は、館主で古滝屋16代目の里見喜生(よしお)さん(55)が官製の伝承施設ではすくい取れない「声なき声」を伝えるために設けた。

施設の姿を思い描いたのは2014年、熊本県水俣市を訪れた時だった。水俣病に関する官民双方の展示を見て、漁師や主婦の話を聞いて初めて問題の全体像がつかめた。公の施設を補う役割が民間にあると実感した。

事故直後から復興支援に訪れた人々を被災地に案内するうち、被害者と原発関係者が混在する中で本音を語れない住民がいることに気が付いた。移住者らが意気を上げ、復興のつち音が響く町で居場所を失う。「自分は邪魔なのか。死んだ方が良かった」と言う人までいた。

対立は望まず

公的施設では語られない「加害性」。原発事故の影響で亡くなった人や苦しむ人がいるのは、利便性や豊かさの追求に走り、原発を許容した社会全体に責任がある。自戒を込め、そう気付いてほしいと願う。

ただ、原発関係者との対立は望まない。公的施設を否定する来場者には双方に行くように勧める。

「考証館には肩書のない一人の人間として入ってもらいたい。展示を見て、居合わせた人と一緒に考えてほしい。原発だから東電が悪いという短絡的な思考ではないところまで僕は持っていきたい」

「このマフラーの中に汐凪ちゃんの骨があったそうです」。考証館を目的に、あるいは湯上がりに立ち寄った来場者らに話しかける里見さんの声は、あくまでも柔らかい。

メモ　原則年中無休。開館は午前8時半～午後6時だが、その他の時間も相談に応じる。入館無料。沿岸部の被災地を巡るスタディーツアーも実施している。いわき市常磐湯本町三函208。

（取材・構成：高木大毅）

(2) 地域とともにある展示室

考証館は畳敷きの一室であり（現在は後述のように向かいの部屋にもスペースを拡張）、展示ケースなどはなく、靴を脱いであがると展示物を間近に見ることができる。奥には原子力災害関連の書籍コーナーがあり、座ってゆっくり読むこともできる。

資料の収集や展示の作成は、運営委員会がボランティアで担っている。メンバーはアーキビスト、弁護士、大学教員、NPO スタッフなどで、2020 年 6 月時点では約 10 名であった。資料収集・展示だけでなく、意見交換会や被災地をめぐるスタディーツアーなども企画する。

2022 年 4 月の訪問時には、浪江町で建物が解体され、商店街のまちなみが変化していく様子を示したパノラマ写真や、大熊町で津波に襲われ、長い間行方不明だった木村汐凪さんの遺品（父親である紀夫さんの手でレイアウトがなされた）などが展示されていた。また、東京電力や国の責任を問う集団訴訟に関する展示もあった。さらに開設時よりもスペースが拡張され、向かいの一室に、除染土壌などを運び込む中間貯蔵施設に関する展示も増設された。

写真 14　考証館の入口（2021 年 5 月 20 日、除本理史撮影）

写真 15　中間貯蔵施設に関する企画展示（2024 年 2 月 11 日、除本理史撮影）

これは施設用地の地権者会（30 年中間貯蔵施設地権者会）の協力を得たもので、同会は国の方針通りにふるさとの土地を売り渡したくないという地権者の思いを出発点として活動してきた。

このように考証館の特徴は、政府の示す「復興」一辺倒ではなく、被災当事者の目線による展示を重視するという点にある。しかしこれは、特定の立場に固執することとは異なる。運営委員会メンバーから何度も聞かれた言葉が「対話」であった。これまでの公害問題でも見られたように、多様な立場の主体が議論を重ねることで「よりオープンでフラットな考証」へとつながり、「加害・被害という言葉がいつか対話・赦しというプロセスへと向かう」ことを長期的にはめざしているのだという（鈴木亮・西島香織「そうだ！　ぼくらの考証館を作ろう　第 2 回」『月刊むすぶ』2020 年 9 月号）。

加えて考証館は、いわき湯本温泉とその歴史を象徴する老舗旅館の中に存在することに意味がある。古滝屋 1 階には、地域に開かれたラウンジがあり、いわきの歴史・文化や東日本大震災などに関する書籍・資料が配架されていて、自由に手に取ることができる。このラウンジを考証館の入口と見ることもできるだろう。

館内には、古滝屋の前身「滝の湯」が1695年に開湯して以来の、湯本温泉の歴史を記した年表も掲げられている。原発事故は、この歴史のなかで積み重ねられてきた「地域の価値」を毀損した。しかし人々は、地域の再生に向けて歩みを進めている。考証館は、そうした地域の歴史と一体になった展示室なのである（より詳しくは、清水万由子・林美帆・除本理史編『公害の経験を未来につなぐ――教育・フォーラム・アーカイブズを通した公害資料館の挑戦』ナカニシヤ出版、2023年、第5章）。

なお、2024年3月末、考証館と同じフロアに、「子どもと原子力災害　保養資料室《ほよよん》」がオープンした。保養とは、東日本大震災・福島原発事故の被災地に暮らす人たちが、県内外に出かけて心身をいやす取り組みであり、自発的に立ち上がった各地の民間団体による受け入れが続けられてきた。《ほよよん》は、保養の受け入れに取り組んできた人たちが、その活動を記録し、記憶と経験を継承していくことを目的に設立したものである。考証館とあわせて訪問することをお勧めしたい（詳しくは、次のコラムおよび https://hoyoushiryoshitsu-hoyoyon.jimdosite.com/ を参照）。

また、この地域の歴史において欠かせない、常磐炭田について学ぶことができる「いわき市石炭・化石館　ほるる」も近くにあるので、ぜひ足をのばしていただきたい。同館は、2022年3月の福島県沖地震で被災し休館していたが、2024年4月に再開している。

（執筆：除本理史・林美帆）

コラム　不安癒やす「保養」伝える：いわきの旅館に資料室開設

（以下、『河北新報』2024 年 4 月 1 日付朝刊より転載。年次表記など一部変更）

東京電力福島第一原発事故で放射能の不安を抱く子どもや親を全国各地で受け入れ、キャンプなどを通じて心身を癒やしてもらう「保養」の取り組みを伝える資料室が 2024 年 3 月 31 日、いわき湯本温泉（いわき市）の老舗旅館古滝屋に開設された。原発事故から 13 年が過ぎ、散逸や廃棄の恐れがある関連資料を集めて残し、あまり知られていない原子力災害の一面を発信する。

関西の受け入れ団体の有志らでつくる「子どもと原子力災害　保養資料室『ほよよん』を育てる会」が設立、運営する。旅館 9 階の一室に開設し、主催団体の募集チラシや報告書などを見ることができる。

保養は夏休みなどを利用して日常から離れ、自然散策や運動をのびのびと楽しんだり健康診断を受けたりする。育てる会によると、これまでに海外も含め 400 団体以上が保養プログラムを実施し、2013 年度には約 2 万人が参加した。

旧ソ連のチェルノブイリ原発事故では国の事業で保養が実施されたが、国内にはなく、全国各地の民間団体が寄付金や助成金を活用して自発的に行ってきたという。減少傾向にはあるが、2023 年度も約 60 団体が開催している。

「（福島の）海に入れないので泳げて最高だった」「ずっと『幸せ』と連発していた子どもの笑顔が母の幸せでした」「6 歳の子どもから放射能という言葉が出たときは衝撃だった」

資料室にある報告書に掲載された感想文から生活に制限を強いられた参加者の苦労や解放された喜び、事故の与えた影響の大きさがうかがえる。

参加経験があるいわき市の 40 代主婦は「事故後、安全安心な環境で子育てできずに自分を責める母親がとても多かった。福島で話せないことも県外の人には話せて、精神的に支えられた」と感謝する。

育てる会代表の宇野田陽子さん（55）＝大阪府豊中市＝は「人ごとではないと感じたからこそ、全国の人々が動いた。資料収集を続け、企画展を開くなど充実させたい」と話す。

開館は午前10時～午後4時。無料。

写真16　全国各地で展開された保養活動を伝える資料室《ほよよん》

5 「オルタナ伝承館」訪問記：ダークツーリズムとホープツーリズムの補完関係

2024年2月に筆者は、集中的に今回紹介されている各伝承施設を訪問した。

「歴史とは何か」という基本的問題提起への一つの答えとして、E.H. カーは、「歴史家が記した記録」という定義を与えているが、20世紀後半は人文学が一般市民の税金で支えられることになったという事情もあり、専門家が記述し、公権力がオーソライズする公定の歴史だけでなく、地域の人々が歴史家とともに歴史を記し、承継していくパブリックヒストリーの概念が登場した。

写真17 「おれたちの伝承館」にて。右から著者、アンドルー・ゴードン氏（ハーバード大学教授）、中筋純氏（写真は著者提供）

福島県を歩いてみると、県立の東日本大震災・原子力災害伝承館や東電の廃炉資料館などのほか、まさに一般庶民（市民というと政治色がつきそうで避ける）が、「お上に勝手に歴史をつくられてたまるか」という趣きで、設立した私設博物館が増えつつある。これらは本書で「オルタナ伝承館」と呼ばれるように在野の拠点であり、パブリックヒストリーの担い手だといってよい。

福島県知事は「ダークツーリズムに頼らない復興を」（内堀知事×柳美里さん新春対談（上）「福島『復興の地』へ」『福島民友』2022年1月3日付）と言うが、どうしても公が隠してしまう「影」があり、そこをパブリックヒストリーの担い手たちが非常に上手く埋めている。災害、公害などが起きていない地域では、パブリックヒストリーが地域の誉と結合するのだが、負のインパクトを受けた所は、まさに「復興に水を差す」ような公が触れたがらないところをパブリックヒストリーが補完する。

「おれたちの伝承館」は、その典型例の一つで、「福島に原発をつくることに反対した人も多くいたし、賛成して後悔した人もいるし、事故で酷い目にあったことも決して忘れていないという人も多くいるし、まだ避難先で生活が立ちいかない人も多いし」という悩みを現代アートの手法を駆使して表現している。ここの発起人とは『ダークツーリズム・ジャパン』という雑誌を一緒につくっていた中筋純氏で、私が中退した東京外国語大学の体育の授業を一緒にサボっていた仲である。

ここは出来てから間もないのだが、福島県が推奨するホープツーリズムをやろうとすると、名門進学校ほどネットの事前学習で「おれたちの伝承館」を見つけてしまい、行程に組み込まれてしまうそうで、もはやダークツーリズムはホープツーリズムの敵ではなく、補完関係であることがわかる。現実問題として、復興は光だけでなく、不可避的に影を含むので、ダークツーリズムとホープツーリズムが排反事象ではないということを県は意識した方がよい。

楢葉町にある宝鏡寺「伝言館」は、反原発運動の資料をアーカイブした民間の資料館。設立者のご住職は亡くなられたが、ここに行くと「原発事故は絶対に起きない」と言われていた頃の資料が集積されていて、圧巻の一語に尽きる。噂には聞いていた、半裸モデルを用いた原発誘致推進ポスターもここで発見した。40年前は、科学技術庁がこれをつくっていたのかと思うと感慨深い。まさに今年（2024年）はやったドラマ、「不適切にもほどがある！」を実感する。福島の反原発運動は長いこと、「非科学的」と謗（そし）られ、肩身が狭かったようであるが、実際に事故が起きてしまったので、彼らの「先見の明」が示されてしまったのはパラドキシカルなようにも思う。

いわきの老舗旅館古滝屋さんには、原子力災害に関する私設の資料館である原子力災害考証館 furusato があり、これも官製の東日本大震災・原子力災害伝承館とはかなり異なるコンセプトで運営されている。

官製の博物館には、近親者の死をどう受け止め、さらには消化（あるいは昇華）していくかという観点がすっぽり抜け落ちている。これは、他の災害復興博物館にも言えるのだが、「たくさんの人が亡くなった、悲しかった」というレベルで終わっており、遺族や関係者がどのように悲しみと向き合い、また乗り越えられた人はなぜそれが出来たのかという魂の救済のプロセスが全く見えてこない。

ここにある手作りの展示は見る者の胸を打つ。特に福島第一原発3キロ圏の自宅が津波に遭い、直後に立ち入り禁止になったために家族の捜索ができなかった状況を、当時の写真と現地のモノで復元したジオラマからは、遺族の慟哭が聞こえてくるようだ。しばしば、原発の被害は関連死だけで、直接原発で死んだ人はいないと言われるが、調査のために直後に現地に入った少数の消防団員は瓦礫の中の呻き声を聞いていたそうで、仮に直後（特に72時間以内）に、捜索がなされていれば救出できた人は相当数いたと推察される。原子力災害による立入規制のために、水難にあった娘さんのご遺骨の発見まで、かなり難儀であったことも本書の別項にある通りである。

いわきは、強制避難にならなかったため、母親たちを中心に原子力災害の影響に関する勉強会が続けられ、最近になってもう大丈夫だろうということで、過去のテキストが寄贈されていた。放射能汚染の濃度の変遷図やかつて避難指示区域にあったお店の看板もあり、原子力災害が市民生活をいかに蝕んでいたかがわかる。

たしかに、双葉町の東日本大震災・原子力災害伝承館のように、行政や東電の立場も含めて俯瞰した施設は必要なのであるが、「もう大丈夫だから安心しろ、あとは復興に向かって走れ」というメッセージが出された時、そのまま受け止めるのはわだかまりがまだ残るケースも多い。そういった人たちの気持ちをすくい取る場として、各種私設資料館は大きな役割を果たしている。

（執筆：井出明）

Ⅱ 「語り部」さんたちにも注目！

1　福島県における「語り部」活動の広がり

2　Focus ①　大熊町：大熊未来塾　代表・木村紀夫さん

3　Focus ②　富岡町：富岡町 3・11 を語る会　代表・青木淑子さん

4　Focus ③　いわき市：いわき語り部の会　幹事・小野陽洋さん

1　福島県における「語り部」活動の広がり

「館」と称する施設はなくとも、東日本大震災・原発事故の経験や記憶を語り継ごうとする「語り部」と呼ばれる人たちがいる。福島県内にも、いくつもの民間団体がある。こうした「語り部」さんたちにもぜひ注目していただきたい。

「語り部」の活動は、東日本大震災・原子力災害伝承館でも行われているように、施設内でもできるが、被災した現場をフィールドとして様々な場所で実施できることが特徴である。来訪者に対して語るだけでなく、各地へ出向いて行くことによって、さらに広がりをもった活動も展開できる。

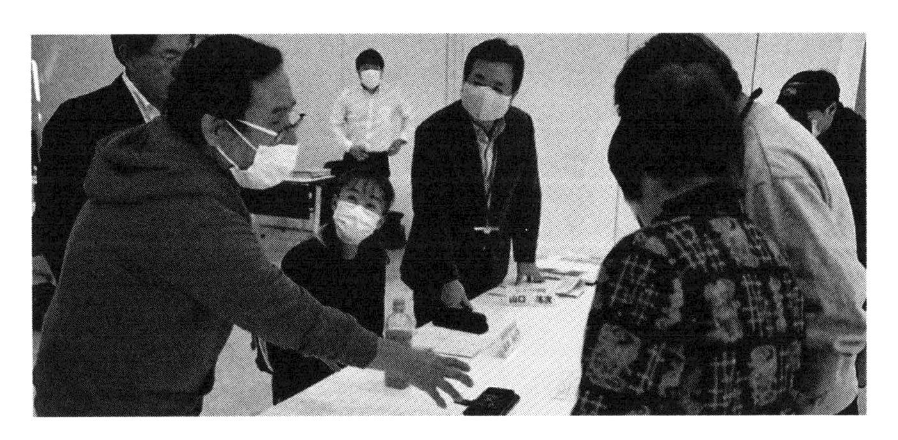

写真18　「東日本大震災・原子力災害ふくしま語り部ネットワーク会議」主催のワークショップで「語り部」の活動を共有した参加者ら（2023年10月14日、東日本大震災・原子力災害伝承館にて）

出所）『河北新報』2023年10月15日付朝刊より転載（紙幅の制約によりトリミングを施した）。

表2　「東日本大震災・原子力災害ふくしま語り部ネットワーク会議」加盟団体（2024年3月）

二本松市	子どもに音楽を贈る会　福島しあわせを運べるように合唱団
須賀川市	藤沼湖自然公園　復興プロジェクト委員会
会津若松市	會空（あいくう）
会津坂下町	ばんげ読み聞かせの会
相馬市	相馬市観光協会
南相馬市	南相馬市観光ボランティアガイド（南相馬市役所経済部観光交流課）
	原発震災を語り継ぐ会
飯舘村	ニコニコ菅野農園
浪江町	浪江まち物語つたえ隊
	大堀相馬焼協同組合
双葉町	東日本大震災・原子力災害伝承館
大熊町	大熊未来塾
	おおくま町物語伝承の会
	HITOkumalab
富岡町	富岡町3・11を語る会
	双葉郡未来会議
楢葉町	Ｊヴィレッジ
	ならはみらい
いわき市	いわき語り部の会
	いわき市観光物産センター（いわき・ら・ら・ミュウ）
	ふくしま海洋科学館（アクアマリンふくしま）

出所）福島県生涯学習課「東日本大震災・原子力災害ふくしま語り部ネットワーク会議会員（令和6年3月）」より作成。

福島県ではどのような「語り部」団体が活動しているだろうか。すべて網羅しているわけではないが、福島県が事務局となって2022年11月に発足した「東日本大震災・原子力災害ふくしま語り部ネットワーク会議」の加盟団体を見てみよう。発足時は17団体であったが、2024年3月時点では21団体に増えている（**表2**）。

以下では、このうち3団体からお話をうかがった。

（執筆：除本理史）

2　Focus ①　大熊町：大熊未来塾代表・木村紀夫さん

――3・11 のときは何をなさっていたのですか。

地震が起きたときは、富岡町にある勤務先で仕事をしていました。自宅は海の近くだったものの、海抜 6m とやや高台にあったことも手伝って、津波の心配をしないまま、職場の片づけをして夕方帰宅したのです。そして、津波の甚大な被害を目の当たりにしました。

写真 19　「第 9 回公害資料館連携フォーラム in 福島」の現地見学でガイドを務める木村紀夫さん（2023 年 12 月 16 日、大熊町内。除本理史撮影）

大熊町の自宅は、福島第一原発から3～4kmぐらいのところにありました。同居家族は両親、妻、娘2人でした。そのうち父、妻、次女が津波に襲われました。

日没後、暗い中で家族3人を捜し歩きました。しかし避難指示が出されたため、3月12日の朝で捜索は中断せざるをえなかったのです。

父と妻の遺体は4月になって発見されました。荼毘に付され6月に遺骨となって戻った妻は、自宅から50kmも南に流されていたのですが、父の遺体が発見されたのは自宅から100mほどの農地で、私が捜し歩いていた場所の近くでした。原発事故で避難を強いられなければ、震災の翌日には発見できていただろうし、命が助かった可能性もあると考えています。

次女の名は汐凪（ゆうな）といいます。汐凪の手がかりは得られないまま時間が過ぎました。私は当初、妻の実家がある岡山県に避難しましたが、2011年7月に長野県の中古物件を購入し、2012年春から長女とともに暮らしはじめました。その間にも、福島県に戻り汐凪を捜し続けましたが、福島第一原発20km圏は警戒区域になったため、自宅周辺の捜索は、滞在時間などの制約が大きい一時立入りの際に行うほかありませんでした。

2013年4月から年15回の一時立入りが可能になり、その年の9月からボランティアの力を借りて、捜索を開始しました。そして12月、それまで手をつけられなかったガレキの中から、家族の遺品がいくつも見つかったのです。汐凪の名前入りのものもあり、汐凪がこのガレキの中にいるかもしれないと手がかりを得た気持ちになりました。汐凪の遺品の一部は、いわき市にある「原子力災害考証館 furusato」に展示しています。

――このころ、ご自宅周辺が中間貯蔵施設の候補地として浮上したのですね。

当時、国は除染土壌などを収容する中間貯蔵施設の候補地を選定していました。2013年5月から候補地のボーリング調査が実施され、12月になって、環境相・復興相が県知事と大熊・双葉・楢葉の町長に対して約19km^{2}を国有化する計画を説明し、受け入れを要請したのです。その後、楢葉町は候補地から外れ、大熊・双葉の2町に集約されることになりました。

写真 20　中間貯蔵施設（大熊 3 工区）（2021 年 6 月 23 日、除本理史撮影）

自宅が候補地に含まれていることは、私の耳にも入ってきました。国が土地を買い取るという話でしたが、私は売るつもりはありませんでした。まだ汐凪の遺骨は見つかっておらず、やっと手がかりを得たばかりだったからです。

もちろん、汚染された土壌や廃棄物を線量の低いところに移すことは考えられませんし、代替案もないので、建設自体に反対だったわけではありません。しかし、自分の土地を売ったり貸したりするのはまた別の話で、それはできないと考えていました。

一方、それとは区別して、汐凪の捜索に環境省の手を借りることを決断しました。2016 年暮れから、中間貯蔵施設建設の一環で環境省の重機が導入され、ガレキの分別を行ったところ、汐凪の遺骨の 2 割ほどが発見されたのです。ただ、そこは父の遺体が見つかった場所に近かったので、父だけでなく汐凪も見殺しにしたのかもしれないという思いが消えなくなりました。

当時、汐凪がいるはずの津波浸水域で中間貯蔵施設の工事が進んでおり、私は心を痛めていました。ここ全体をお墓にしてしまえばいいんじゃないだろうかと思ったりもしたのです。

2022年1月には、沖縄各地で戦争犠牲者の遺骨を探し続けている具志堅隆松さんが大熊町に来てくださり、3日間いっしょに捜索を行いました。その結果、汐凪の大腿骨が見つかりました。それでもすべてではありません。

遺骨が見つからなくても、慰霊の場所として残しておければいいのではないかと思っています。中間貯蔵施設だけでなく、復興のための土木事業は、被災の痕跡を消し、見えなくしてしまうのです。

――震災の経験を伝える活動は、いつごろから開始されたのですか。

長女が東京に進学した2019年の春、福島県に戻り、いわき市から大熊町に通うようになりました。そして2020年に大熊未来塾を立ち上げ、震災の経験を伝える取り組みをはじめました。

ただ、震災の経験を伝えることを意識しだしたのはもっと前で、2014年ごろです。写真家の尾崎孝史さんが、汐凪のことを軸として事故発生直後の大熊町を記録した本（『汐凪を捜して――原発の町　大熊の3.11』かもがわ出版）を2013年11月に出したのですが、それをきっかけに、翌年には東京や長野で写真展が開かれ、講演に呼ばれる機会も増えていきました。

まだ長野にいた2015年2月、私も含め大熊町民の一時立入りに同行する形で、現地を実際に訪問し考えてもらうためのツアーを開催しました。そのとき、やはり又聞きの話よりも当事者のナマの声を聞くほうが真実は伝わるし、現地を見て聞いてもらえた方がもっと実感できるはずだと思いました。一時立入りの際に大熊町の現状を見てもらう活動は、その後も続けていきました。

2019年1月、阪神淡路大震災の慰霊の取り組みを学ぶため、神戸を訪れました。そのとき若い人たちの熱気を見て、ほんとうにすごいと思いました。こんな取り組みをしている若者が日本中にいるのかもしれないと思ったら嬉

写真 21 「伝承の仲間づくりサミット in 大熊」（大熊未来塾主催、2024 年 2 月 11 日、link る大熊にて、除本理史撮影）

しくなったのです。私も、将来に向けてもっと積極的に外に出て行く必要性を感じました。震災と原発事故を経験したからこそできるまちづくりの魅力を伝え、外の若者にも関わってもらえる機会を増やすべきではないかと。大熊町のスタディーツアーをやりたいという思いが強くなりました。

そこで 2020 年に大熊未来塾をスタートさせたのです。ところが、ちょうど新型コロナウイルスの感染拡大があり、オンライン配信を活用するなど、当初の計画は変更せざるをえなくなりました。しかしなんとか活動を続け、大熊未来塾は 2022 年 8 月に任意団体から一般社団法人に移行することができました。

――どんなメッセージを伝えていきたいですか。

大熊未来塾の Facebook ページを見ていただくと、実は団体名に「もうひとつの福島再生を考える」というサブタイトルが付いているんです。つまり、今の復興政策を問う「オルタナ」の精神ですね。

テレビの取材でも答えたのですが、避難指示が解除されて復興事業が進んでいる大熊町の様子を見ると、たしかにそこで生活できるようになったのも事実です。しかし風景は一変していて、震災前の営みが全部消えてしまうってことでもあるんですよね。それを含めて復興なんだと考えると、それによって、逆に取り残されていく人が多いんじゃないかと思います。復興事業は、被災の痕跡も、かつての町民の暮らしの跡も、消していくわけです。

人々の営みや被災の痕跡は、意識的に残そうとしなければ、残りません。そこで私は、震災遺構を保存する活動を行っています。汐凪が通っていた小学校についても、保存してほしいと町に意向を伝えています。

「これだけ自分たちはがんばって復興に向かっている」という話には学びはない気がします。「こういう経験をしてしまったことによって後悔していることがいっぱいある」、そういう話の中にこそ学びになるようなものがあると思います。

便利で楽な生活を手に入れたり、維持したりするために、人は必死に働きます。忙しすぎて、薪に火をつける余裕さえなくなり、いつの間にかそれが当たり前になります。原発事故は、そんな人間の欲望の代償なのではないでしょうか。今は、まるで命と経済を天秤にかけるような世の中になってしまっていますが、それとは違う未来をめざしたいのです。

私たちの機関誌『SoIL』の表紙には、毎号「小さきものの伝承とシンプルに生きるための提案」という言葉が掲載されています。ここに私の伝えたいメッセージが集約されているといっていいかもしれません。

（聞き手：除本理史）

メモ　大熊未来塾という名前は「社会をつくっている一人一人が、あの複合災害の教訓からどう生きていくのかを考えていくことができる未来を大熊町から醸成する」という意味。連絡先などは大熊未来塾のウェブサイト（https://okuma-future.jp/）を参照。

3　Focus ②　富岡町：富岡町 3・11 を語る会代表・青木淑子（よしこ）さん

（以下、3.11 メモリアルネットワークのウェブサイトより若干編集のうえ転載）

──東京ご出身ということで、福島に来られた経緯を教えてください。

東京で生まれ育ったんですが、高校 1 年生の時に父親の仕事で郡山に引っ越し、福島の大学を出て、そのまま福島県の教員になりました。15 歳ぐらいからずっといるので、自分では福島人だと思ってます。

写真 22　富岡町 3・11 を語る会代表の青木淑子さん

就職してからもずっと郡山地区の学校だったのですが、教員生活の最後の4年間は「富岡高校」の校長として過ごしました。

同じ福島県内でも私は中通りにずっといたので、浜通りっていうのはすごい遠い存在で。海があって、冬も雪が降らないで、お魚が美味しくて…良いとこだとは聞いていたんだけど、実際に来てみて、「ああ、本当に海がある」って。校長をしていると、辛いことや苦しいこともあるんだけど、そういう時に、海を見て癒される。そういうことがいっぱいありましたね。

退職後も富岡に残って仕事ができればと思っていたんですが、尊敬する先輩に呼ばれて、郡山に帰りました。郡山に戻って最初の頃は特別養護老人ホームの園長をしていて、1年半後にデイサービスを立ち上げ、所長をしていたんです。2011年3月11日は、その施設で震災にあいました。

――郡山も地震が大きかったですよね。

はい。デイサービスは最新の耐震工事もしていたので大丈夫でしたが、市役所などの公共の施設は全部壊れましたし、県立高校なんかも、耐震工事をしていなかったので、めちゃめちゃになったんです。

私がいたデイサービスは、住宅街のど真ん中にあったんですが、道路がひび割れて、ガス管が露出していました。のちに「ホットスポット」と呼ばれる、放射能がたくさん降った場所です。

利用者さんを送ろうとしたら、家族が避難して居なかったり、家が壊れていたり。そんなこんなで、その日の夜20時半くらいに、ようやく最後の方を送り届けることができました。

デイサービスセンターは10日間くらいお休みにしました。そうしているうちに、3月16日に、富岡町が郡山の「ビックパレット」に避難してきたんです。なんとも言えない縁を感じました。

――では、そのあとはそのビックパレットで支援をされていたのですか。

はい、1週間くらい通いました。そのうちに、デイサービスが再開して、避難している富岡の方たちが施設の向かいのマンションにもたくさん入られたんです。偶然だったと思うんですけど。あの時は、毎日12時になると富岡町民歌を歌ったりしました。涙しか出ない状況でしたね。

私に何ができるか考えたときに、ずっと演劇をやっていたので朗読ができると。ちょうどミニFMが開局されて、週1回、木曜日の夜に詩や新聞記事を読む番組を放送しました。それを、ビッグパレットの避難所が閉所する8月まで続けていました。

そうなると、避難した人たちはみなし仮設に入りバラバラになってしまう。その時に、被災した富岡や双葉郡の人たちの生活支援を目的に、社会福祉協議会の運営で、「おだがいさまセンター」が立ち上がったんです。

福島大学の天野（和彦）さんに声をかけてもらい、私はデイサービスを辞めて、2012年4月に「おだがいさまセンター」のアドバイザーになりました。

――「語り人」（かたりべ）の事業にはどうつながったのでしょうか。

2012年末頃から、「語り部の活動はしっかりやらないとダメだよね」という話をしはじめて、2013年にはセンターの事業の柱に据えて、語りたい人を公募したんです。そのうちどんどん依頼が増えてきて、専念しないと回らなくなり、2015年に独立しました。それが「富岡町3・11を語る会」です。

私たちは「かたりべ」を「語り人」と書きます。最初は普通に「語り部」と書いていたんですが、「昔話を話す人みたいで混乱する」と言われて。宮城や岩手もそうだと思いますが、福島でも昔話を語る人たちを「語り部」って言うんですよね。

それで、区別するために、語る「人」と書いて「かたりべ」と読ませようと。でも「かたりびと」と呼ばれてしまうんですが（笑）。

富岡町民に限定して募集したのですが、18人の方が応募してくれたんです。「おだがいさまセンター」のあった郡山近郊の人たち、いわきや喜多方、福島市に避難してた人たちも、「俺も入りたいんだけど」と、連絡をくれました。避難先から集まってくれたんです。

震災直後はいろんな感情がこみ上げて、涙が出て話せなかったけど、徐々に、何とか話せるようになっていた方々です。当時のこと、今の暮らし、避難の経路、悲しかったこと、うれしかったこと…話しはじめると止まらないんです。1人が2時間くらいしゃべったりするわけです。

でも、富岡に来る人たちがお話を聞ける時間は、1時間とか30分とかなので、ルールを作らなければと考えました。なので、研修をしたんですね。2015年4月からはじめて、3か月間。みんなで、お互いの話をとりあえず全部聞く。それで、感想を話してもらうと、他の人には「長い」とか「同じこと何回も言ってる」とか言うんです。

それから、まとめるための文章書きをしました。そうすると、「こんな経験をしたのに忘れてるな」という発見があったんですね。その発見がすごく大事で。

忘れてはいけないんです。自分の人生をこんなにぐちゃぐちゃにしたものを、自分がこんなところで暮らしていなければならない理由を。それで、「やっぱり語り人は必要だよね」と確認し合ったんです。

皆まじめに書くんですが、長いので、申し訳ないけど削らせてもらって。1つ目の約束は、「20分でしゃべること」。

1時間で3人が話したりすると、最初の人が少し長くなると、次の人があおりを食うんです。でも、1年くらい経った頃から、「先生、今日は何分？」と時間を気にしてくれるようになって、ちゃんと時間を守るようになりました。

それから、テーマを決めたんです。「牛との別れ」「孫との暮らし」「逃げる時に感じた生活の知恵」とか。そうしたらみんな自分の持ち味が出てきて。

2つ目の約束は、「行政批判をしないこと」。これは、結構反発がありましたね。でも、私たちは人に聞いてもらうために話しているんだから、聞いてくれる人の気持ちを考えましょうって。何であの人があんな暮らしをしなければならないのか。孫と離れて、9坪の隣の音がバンバン聞こえるような場所で、夜は眠れない。孫とたまに会うと、「じいちゃんいつ帰るの？」と言われる。そういう現状を伝えたら、みんな絶対、心の中に思うことはあるはずなんです。

怒鳴りたい気持ちも分かる。みんな「何で」って思ってるわけだから。だけど、実際に怒鳴ってもしょうがないし、土下座してもらったからって戻れるわけじゃない。自分の人間性を失わないためにも大事なことです。

——建設的に議論して歩んでいくために、すごく大事なことですね。

聞いてくださった方と、一緒に考えていく。それがすごく大事で。泣いてもいいけれど、苦労の押し売りはしないと約束しました。聞いてくれる人は、話し終わった後に手を握って「頑張ってね」って言ってくれるんですよ。語り人さんは、その言葉で、明日もまた生きていける。

共感を持って聞いてくれるって、すごく大事なことですよね。語っていていいんだな、生きてていいんだなって思える。一番元気をもらっているのは、語り人さん自身かもしれないですね。

——伝えることで、結果的に自分に返ってきているんですね。

絶対に返ってきていると思います。だから、皆語り人をやめないのだと思います。年取ってきてやめることはありますけど、登録はしておいてくれって言ってくれるので、残しています。

——今、登録されている語り人さんは何人いらっしゃるんですか。

23名です。でも、新しくはじめたいという人がいないの。だから困っていて。それが一番の課題です。

直接体験していなくていいと思うんですよ。富岡町民と限定していましたが、2020年度からは「富岡を語りたい人」ということで募集しようと思っています。そうしないと、広がらない。

ふたば未来学園の生徒でも、たまに「語り人活動をしたい」という子もいるので、そういう子たちを育てていきたいと思っています。でも、被災地出身でないことに引け目を感じてしまったりするんですよね。

今、うちの語り人さんたちは70歳くらいなので、今バトンタッチしないとつながらないんですよ。

写真 23　富岡町 3・11 を語る会事務所前のチラシラック。隔月で発行している「語り人通信」の最新号、バックナンバーとともに、「語り人募集」のチラシも設置されている

――世代間交流の取り組みは、どんなことをされているんですか？

今までは、小学生に語り人のお話を聞いてもらうくらいだったんですね。でも、ちゃんと若い子たちとぶつかろうと思って。昨年は、郡山地区の高校の新聞部と放送部に声をかけて、30 人くらいの生徒が集まりました。どの学校も「双葉郡富岡町のことを忘れていませんか？」という特集記事を作ってくれて。

今年は演劇部を呼んで、6 人くらいのグループに語り人さんが一人ずつ付いてお話をする。それをもとに、2 時間で演劇を作って、東京から招いた演出家に講評してもらうんです。語り人さんにしてみれば、高校生が自分の話をどう演劇にしてくれるかで、ちゃんと伝わっているかどうかがわかる。言った以上のことが伝わっていると思う人もいるかもしれません。来年度は、会津の高校にも声をかけて、さらに広げていきたいと思っています。

（聞き手：3.11 メモリアルネットワーク）

メモ　青木代表は2008年まで福島県立高校で国語科教員として教鞭をとり、3・11後は富岡町を中心に被災者支援を行う中で、2015年に富岡町3・11を語る会を設立。会の連絡先などはウェブサイト（http://www.tomioka311.com/）を参照。

3.11 メモリアルネットワーク　2017年に東日本大震災の伝承に関する広域連携組織として発足。宮城県石巻市で震災伝承に取り組む3.11みらいサポートとともに、2022年10月より公益社団法人として活動継続。震災伝承、防災・減災活動の「連携」「企画」「育成」の3本柱を掲げ、岩手・宮城・福島の3県を中心に活動を展開。https://311memorial-network.com/

4　Focus ③　いわき市：いわき語り部の会幹事・小野陽洋（あきひろ）さん

――小野さんはいつから「語り部」をはじめられたのですか？

2020年11月に「いわき震災伝承みらい館」で初めてお話する機会を得ました。現在、「いわき語り部の会」の幹事をしています。

「いわき震災伝承みらい館」は2020年5月にオープンしたのですが、地元にできた施設ですから、私も何かの役に立ちたいと思いました。語り部は仕事をリタイアされた高齢の方が多いのですが、私はものづくりの会社で働い

写真24　被災地を案内する小野陽洋さん

小野さんは「海のまちサイクリング」と題して地域の過去・現在・未来をたどる約15kmのサイクリングを個人的に引き受けて案内している。新たに嵩上げされた防潮堤をバックに、海の環境についても語る。「いわき震災伝承みらい館」での定期講話や、バスでめぐるガイド講話では気づけない地域の魅力を伝え、沿岸地域への関係人口創出に取り組んでいる。写真は2022年8月5日撮影、本人提供。

ています。しかし調べたら、仕事をしながらでもできることがわかったのです。

――3・11のときのことを教えてください。

震災当日は、海に近い自宅に祖母といて被災しました。津波にのみこまれたものの、奇跡的に助かりました。

自宅があるいわき市豊間地区は、遠浅の海が広がり、大きな波が来るのでサーファーにも人気の場所でした。自宅は海岸から目と鼻の先にあり、2階建ての2世帯住宅でした。自宅があった場所は現在、豊間防災緑地になっています。

私は、地元の高等専門学校に通う5年生で、1週間後に卒業式を控えていました。地震が起きる直前は2階のリビングでくつろいでいましたが、その日に謝恩会が開かれる予定だったので、そろそろ出かける準備をしようかと考えていたのです。

午後2時46分、突然、激しい揺れに襲われました。立っていられなくて床にしゃがみ込む感じでした。ダイニングテーブルに身を隠しながら、テレビが倒れないよう必死になっておさえました。

揺れが収まって室内の被害状況を確認すると、キッチンにはいろいろなものが散乱していました。情報を得たくてテレビとラジオをつけると、大津波警報が出たことがわかりました。

祖母に逃げるよう呼びかけたのですが、「おれは逃げねえ」というのです。腰が悪い祖母を避難させるのは気の毒でしたし、1人で残しておくわけにもいかず、私は祖母の言葉を聞いて、自宅にとどまるという判断をしてしまいました。そして、そのときは床上浸水程度を想定していたので、祖母を2階にあがらせました。

地震から約20分後、津波の第一波がきました。そのときは、これまでの台風とあまり変わらない様子で、それほど危機感をもっていませんでした。

しかし、そのすぐ後に状況が一変しました。海中に没していた磯が露出するくらい、一気に潮が引いたのです。岩場だらけの真っ黒い海に変わっていました。

テレビのニュースは、岩手県や宮城県に津波が襲来したことを伝えていました。防潮堤から水があふれ、次々と車が押し流されている映像です。

恐怖を感じて窓の外に目をやると、大きな津波が迫ってくるのが見えました。津波が目の前の防潮堤に激突すると、1階ほどの高さだった波は、一気に2階に届くほどになりました。

祖母と私は一瞬にして波にのまれてしまい、1階からせりあがってくる水と2階の窓から入ってきた水で押し流されました。海水に首までつかった状態で、奥のキッチンまで一気に10mくらい流されたのです。

しばらくして水が引き、腰ぐらいの高さになって「命は助かった」と一息ついたところ、目の前にふわふわと浮かんでいるものがありました。なんだ

写真25　小野さん宅に押し寄せる津波（2011年3月11日）

防潮堤（消波ブロック）に衝突して高い水しぶきを上げる第二波の津波。この約30秒後には2階の床面まで水位が達し、ベランダの手すりを越えた波によって部屋の中を押し流された。いわき市内の津波の最大高さは8.57mとされ、小野さんはまさにその中にいた。2011年3月11日15時28分ごろに本人撮影の動画より。

かわからなかったのですが、よく見ると白髪だったんです。祖母の後頭部でした。祖母は自力で顔を上げられずにいました。脇の下に両腕を差し込んで、よいしょともちあげたところ、辛うじて息をしていて無事でした。引き波の力もすごかったです。キッチンのシンクにつかまって、耐え続けました。

私たち2人は軽いケガをしただけで奇跡的に助かりました。しかし、豊間地区では85人が亡くなっています。

――小野さんは、自分の行動を「反面教師」にしてほしいと、語り部の活動をされているんですね。

津波に襲われる前、私はベランダからデジタルカメラで海の様子を撮影し

写真26　被災した小野さん宅の様子

津波の衝撃により砕かれた防潮堤の大きな塊が、車庫の壁を破壊し基礎に乗り上げている。左上の木枠が露わとなっているのがベランダで、その内側の室内から、小野さんは写真と動画を撮影していた。その足元の外壁にも防潮堤の欠片が衝突し横たわっている（2011年6月19日、本人撮影）。

ていました。カメラは水没しましたが、奇跡的に映像は残っていました。しかし、こんなことをしてはいけなかったのです。緊急時はまず逃げることが大事です。

自分は避難しなかったのに、命は助かりました。しかし、たまたま助かったのであって、逃げたのに亡くなった方もいる。生かされた命を無駄にしてはいけない。その思いが原動力となって、語り部をしています。避難せずに撮影していたのは間違った行動でしたが、残された映像は自分が死ぬか生きるかの境目を記録したものですから、ちゃんと活かすことが大事なんじゃないかとも考えました。

災害のときは、きちんと逃げて助からなければいけないということを伝えたいと思っています。一人ひとりが助かる行動を、自主的にとることが大切です。語り部をするときはそう訴えています。

――小野さんは「いわき震災伝承みらい館」だけでなく、自転車で被災地をめぐるスタディーツアーでもガイドをされていますね。

私もいろいろな風景を見るのが好きですし、健康のためもあって自転車に乗ります。いわき市には、復興サイクリングロード「いわき七浜海道」があります。これは、復旧・復興事業でできた防潮堤や既存の道路を活用し、美しい海岸線に沿って自転車走行空間を整備したもので、勿来の関公園から久之浜防災緑地まで約 53km のルートです。これを使わない手はないだろうと。

自転車でなら、車では入れないところにも行けますし、一瞬で通りすぎるのではなく、立ちどまって説明をすることもできます。またガイドをする際には、震災の教訓だけでなく、塩屋埼灯台をはじめとする美しい風景、おいしい魚など、地元のシンボルになるようなものも紹介しています。地域の歴史や将来についても考えていく機会になればと思っています。

（聞き手：除本理史）

メモ　小野さんは1991年生まれで、「いわき語り部の会」の若手メンバー。同会は、塩屋埼灯台のふもと、薄磯地区に開設された「いわき震災伝承みらい館」(https://memorial-iwaki.com/)を拠点に活動しており、週末に定期講話も行っている。

あとがき

本書では、福島県にある民間の震災伝承施設や、「語り部」の活動に取り組む人たちを紹介してきました。東日本大震災・福島原発事故の教訓を検証し、経験を継承するにあたって、やはりどうしても、行政サイドの影響力・発信力が大きくなる傾向があるのは否定できません。

したがって本書で紹介したように、民間の様々な取り組みが進められていることが非常に重要です。行政は未来志向の「復興」を強調しがちですが、本書に登場したみなさんのお話では「過去の失敗から学ぶべきだ」というメッセージがかなり共通しているように思います。編集を終えて、こうした視点の違いをあらためて実感しました。

本書の直接のきっかけは、はしがきで述べたように『河北新報』の連載ですが、そのほかに、筆者が役員を務める公害資料館ネットワークの活動があります。公害資料館ネットワークは、公害の経験を伝えようとしている施設や団体が集まって、相互に交流し経験を学びあうため2013年に結成されました。2023年1月にいわき湯本温泉・古滝屋でトークセッション「福島の経験を継承する」を、12月に福島大学で第9回公害資料館連携フォーラム「災害を伝え、未来をつくる」を開催しています(地球環境基金助成事業)。その当日はさることながら開催準備の過程で、本書に登場された「オルタナ伝承館」や「語り部」のみなさんと交流を深めることができました。今回も重ねてご協力いただいたことに、厚く御礼を申し上げます。

また、記事の転載を許可していただいた3.11メモリアルネットワーク、(編者にもなっていただいた)河北新報社のみなさま、ご寄稿いただいたダークツーリズム研究の第一人者である井出明先生、共著者であり本書のアイデアをくださった林美帆さん(公害資料館ネットワーク幹事でもある)にも、深く感謝します。

最後に、本書の出版を快諾してくださった東信堂の下田勝司社長にも御礼を述べたいと思います。下田社長は、福島原発事故の被災者・被災地に心を寄せ、関連する書籍を何冊も手がけてこられました。

本書を手にされた方々が、官民を含め福島県内外のいろいろな伝承施設をめぐり、「語り部」のみなさんからお話を聞いてくださることを心から願っています。そして、多様な視点・立場からの教訓の検証や、経験の継承に関心を寄せていただければ幸いです。

2024年6月

除本理史

編者紹介

除本理史（よけもと・まさふみ）

大阪公立大学 大学院経営学研究科 教授、日本環境会議（JEC）副理事長、公害資料館ネットワーク副代表幹事

主著：*Environmental pollution and community rebuilding in modern Japan*（共編、Springer、2023年）、『公害の経験を未来につなぐ――教育・フォーラム・アーカイブズを通した公害資料館の挑戦』（共編、ナカニシヤ出版、2023年）、『「地域の価値」をつくる――倉敷・水島の公害から環境再生へ』（共編著、東信堂、2022年）、『きみのまちに未来はあるか？――「根っこ」から地域をつくる』（共著、岩波ジュニア新書、2020年）、『公害から福島を考える――地域の再生をめざして』（単著、岩波書店、2016年）など。

河北新報社（かほくしんぽうしゃ）

宮城県仙台市に本社がある日本の新聞社。「東北振興」「不羈独立」を社是とし、1897年に東北地方のブロック紙『河北新報』を創刊。題号には東北が明治維新後に「白河以北一山百文」と軽視されたことへの反発と、言論による東北発展への志を込めている。2支社（東京、大阪）のほか、東北6県に8総局（石巻、気仙沼、大崎、青森、盛岡、秋田、山形、福島）、23支局（塩釜、白石、角田、多賀城、岩沼、登米、栗原、大河原、亘理、富谷、加美、小牛田、南三陸分室、一関、宮古、大船渡、北上、横手、酒田、会津若松、いわき、郡山、南相馬）を置く。

執筆者・聞き手（50音順）　＊は編者

井出　明（いで・あきら）　金沢大学 国際基幹教育院 教授
坂井直人（さかい・なおと）　河北新報社 いわき支局
3.11 メモリアルネットワーク（II 3 末尾に紹介を記載）
高木大毅（たかぎ・だいき）　河北新報社 福島総局
林　美帆（はやし・みほ）　岡山理科大学 教育推進機構基盤教育センター 准教授
東野　滋（ひがしの・しげる）　河北新報社 福島総局
＊除本理史

福島「オルタナ伝承館」ガイド

2024年9月30日　初　版第1刷発行　〔検印省略〕
定価は表紙に表示してあります。

編者©除本理史・河北新報社／発行者 下田勝司　印刷・製本／中央精版印刷

東京都文京区向丘 1-20-6　郵便振替 00110-6-37828
〒113-0023　TEL (03) 3818-5521　FAX (03) 3818-5514
発行所 株式会社 東信堂
Published by TOSHINDO PUBLISHING CO., LTD.
1-20-6, Mukougaoka, Bunkyo-ku, Tokyo, 113-0023, Japan
E-mail : tk203444@fsinet.or.jp http://www.toshindo-pub.com

ISBN978-4-7989-1924-9 C3036

東信堂

「地域の価値」をつくる—倉敷・水島の公害から環境再生へ	石田正也監修／除本理史・林美帆編著	一八〇〇円
放射能汚染はなぜくりかえされるのか—地域の経験をつなぐ	藤川賢・除本理史編著	二〇〇〇円
多視点性と成熟—学び・交流する場所の必要性	内田樹	九〇〇円
福島復興の到達点—原子力災害からの復興に関する10年後の記録	川﨑興太	四三〇〇円
福島原発事故と避難自治体—原発避難12市町村長が語る復興の過去と未来	編集代表者 川﨑興太	七八〇〇円
原発事故避難者はどう生きてきたか—被傷性の人類学	竹沢尚一郎	二八〇〇円
ミュージアムと負の記憶—戦争・公害・疾病・災害：人類の負の記憶をどう展示するか	竹沢尚一郎編著	二八〇〇円
災害公営住宅の社会学	吉野英岐編著	三二〇〇円
原発災害と地元コミュニティ—福島県川内村奮闘記	鳥越皓之編著	三六〇〇円
原発避難と再生への模索—「自分ごと」として考える	松井克浩	三二〇〇円
故郷喪失と再生への時間—新潟県への原発避難と支援の社会学	松井克浩	三二〇〇円
被災と避難の社会学	関礼子編著	二三〇〇円
初動期大規模災害復興の実証的研究	小林秀行	五六〇〇円
震災・避難所生活と地域防災力—北茨城市大津町の記録	松村直道編著	一〇〇〇円
地域自治の比較社会学—日本とドイツ	山崎仁朗	五四〇〇円
日本コミュニティ政策の検証—自治体内分権と地域自治へ向けて	山崎仁朗編著	四六〇〇円
自治体行政と地域コミュニティの関係性の変容と再構築—「平成大合併」は地域に何をもたらしたか	役重眞喜子	四二〇〇円
社会制御過程の社会学	舩橋晴俊	九六〇〇円
組織の存立構造論と両義性論—社会学理論の重層的探究	舩橋晴俊	二五〇〇円
「むつ小川原開発・核燃料サイクル施設問題」研究資料集	舩橋晴俊・金山行孝・茅野恒秀編著	一八〇〇〇円

※定価：表示価格（本体）＋税

〒113-0023　東京都文京区向丘 1-20-6　TEL 03-3818-5521　FAX03-3818-5514
Email tk203444@fsinet.or.jp　URL:http://www.toshindo-pub.com/